Tania Konnerth

W0058474

Aus der Schatzkiste des Lebens

Geschichten, die ein Lächeln schenken

HERDER

FREIBURG · BASEL · WIEN

Originalausgabe

Umschlaggestaltung und -konzeption:
R·M·E München/Roland Eschlbeck, Liana Tuchel

Satz: Dtp-Satzservice Peter Huber, Freiburg
Herstellung: fgb · freiburger graphische betriebe
www.fgb.de

Gedruckt auf umweltfreundlichem, chlorfrei gebleichtem Papier
Printed in Germany

ISBN: 978-3-451-07068-6

Inhalt

Vorwort

„Haltet die Uhren an. Vergesst die Zeit.
Ich will euch Geschichten erzählen."

James Krüss, aus „Timm Thaler oder Das verkaufte Lachen"

Geschichten haben mich schon immer begeistert und noch heute erinnere ich mich an viele, die mir vorgelesen wurden, als ich ein Kind war.

Eine ist mir besonders im Gedächtnis geblieben: Die Geschichte vom Baum der guten Wünsche. Wer von seinen Früchten isst, heißt es dort, dem werden für den Rest seines Lebens alle Wünsche erfüllt – sofern es *gute* Wünsche sind. Ein schlechter Wunsch, und man muss auf der Stelle sterben. Die Geschichte endet mit der Frage: „Würdest du es wagen, vom Baum der guten Wünsche zu essen?"

Würden Sie?

Inzwischen werden mir Geschichten nicht mehr abends zum Einschlafen vorgelesen, sondern ich schreibe selbst welche. Und das ist mindestens genauso spannend!

Manchmal ist da zunächst nur eine Ahnung, eine erste vage Vorstellung, manchmal habe ich auch gleich die Pointe im Kopf und muss mir nur noch den Anfang ausdenken.

Besonders faszinierend finde ich, dass sich Geschichten nach meiner Erfahrung nicht willkürlich ändern lassen, sondern dass sie eine Art „eigenen Willen" entwickeln und sich gewissermaßen nach ihren eigenen Vorstellungen entwickeln.

Immer wieder erlebe ich, dass ich etwas Bestimmtes im Kopf habe und die Geschichte dann genau auf diese Aussage hin schreiben will. Doch oft kommt es ganz anders: Es ist, als ob die Geschichte mir zeigen will, was *sie* sagen möchte. Das sind zauberhafte Momente, in denen man feststellen kann, dass auch das geschriebene Wort ein Eigenleben hat.

Dementsprechend haben mich auch die Geschichten dieses Buches manches Mal selbst verblüfft. Plötzlich war da eine Botschaft, die ich gar nicht im Sinn hatte, mit einem Mal zeigte sich ein Ende, das viel besser war als das zunächst geplante.

So, wie schon der Prozess des Schreibens all der kleinen Geschichten höchst lebendig war, wird sich jede der Geschichten nun noch einmal verändern, wenn sie gelesen wird. Sie als Leserin oder Leser bringen schließlich Ihre ganz eigenen Bilder, Ideen und Erkenntnisse mit, so dass manche Geschichte in Ihren Augen noch einmal etwas ganz anderes beinhalten wird.

Die Sammlung in diesem Buch ist jedenfalls eine sehr vielfältige. Ich habe tief in die Schatzkiste des Lebens gegriffen und mit vollen Händen herausgeholt, was ich zu fassen bekam.

Am besten geben Sie den einzelnen Geschichten Raum, indem Sie nur eine oder zwei auf einmal lesen. Gerade kurze Geschichten verführen dazu, ganz viele auf einmal zu lesen, aber jede einzelne möchte Aufmerksamkeit haben, um sich entfalten zu können.

Wenn möglichst viele der Geschichten Ihnen ein Lächeln ins Gesicht zaubern oder Ihnen einen zweiten Gedanken wert sind, freue ich mich.

Denn das ist doch das Schönste an Geschichten: wenn sie andere berühren.

Tania Konnerth

*Von der Sehnsucht
und andere Geschichten
vom Träumen und Wünschen*

Wie man erfolgreich wird

Es kam einmal ein Mann zu einer weisen Frau, um sie um Rat zu fragen.

„Sag mir, wie kann ich erfolgreich im Leben sein?"

Die alte Frau antwortete: „Der Erfolg ist ein Weg …"

„Ah, ich verstehe", sagte der Mann und rannte davon.

Nach einer ganzen Weile kam er wieder.

„Du musst dich geirrt haben, gute Frau. Ich bin jetzt immer auf dem Weg geblieben, doch ich habe keinen Erfolg."

„Der Erfolg ist ein Weg mit vielen Umwegen …"

„Ach so!" Und wieder rannte der Mann davon.

Es dauerte nicht allzu lange und er stand erneut vor der Frau.

„Ach, dein Rat hat mir nicht weitergeholfen. Ich bin nun so viele Umwege gegangen, dass ich wunde Füße habe, aber ich habe keinen Erfolg."

Die Frau setzt erneut an: „Der Erfolg ist ein Weg mit vielen Umwegen und Rückschritten …"

„Na klar!", rief der Mann, schlug sich mit der flachen Hand vor die Stirn und rannte wieder davon.

Als er dieses Mal zurückkam, rief er schon von Weitem enttäuscht: „Auch das Rückwärtsgehen hat mir nicht geholfen. Ich glaube, ich gebe auf."

Da schwieg die Frau lange. Dann sagte sie: „Der Erfolg ist ein Weg mit vielen Umwegen und Rückschritten und er erfordert die Bereitschaft, immer wieder innezuhalten und über sich selbst nachzudenken und auch, anderen zuzuhören."

„Und warum hast du das nicht gleich gesagt?"

Von der Sehnsucht

„Ach", seufzte die Sehnsucht.

„Was hat sie denn?", fragte der Pragmatismus die Vernunft.

„Das ist ganz normal, so ist sie halt", sagte die Vernunft.

Dem Pragmatismus aber tat die Sehnsucht leid. Also ging er zu ihr und fragte: „Hallo Sehnsucht, was ist denn los?"

„Ach, nichts weiter. Ich würde nur so gerne in die Ferne reisen."

„Na, das ist doch nicht schwer!", rief der Pragmatismus. „Da musst du doch nur eine Reise buchen. Wohin soll es denn gehen?"

„Ach, ich möchte so viele Orte sehen."

„Dann buchst du eben gleich eine Weltreise."

„Ach, aber alles kann ich ohnehin nicht sehen."

„Aber wenigstens etwas."

„Ach, ich würde immer zu wenig sehen. Es gäbe immer Plätze, zu denen ich auch noch reisen wollen würde."

„Und so sitzt du lieber hier und seufzt?"

„Ach", sagte die Sehnsucht.

Da fiel dem Pragmatismus nichts mehr ein.

Von einem, der Maler werden wollte

Es war einmal ein Mann, der schon immer davon geträumt hatte, Maler zu werden.

Als kleiner Junge danach befragt, was er denn mal werden wolle, wenn er denn groß sei, antwortete er: „Ich will Bilder malen." Und dabei leuchteten seine Augen wie Sterne.

Nach der Schule machte er eine Lehre als Kaufmann, aber jedem, der fragte, erzählte er: „Nach dieser Lehre studiere ich Kunst und lerne, Bilder zu malen." Und seine Augen strahlten.

Nach seiner Ausbildung wurde er übernommen und arbeitete Jahr für Jahr in derselben Firma. Immer am Jahresende sagte er feierlich: „Im nächsten Jahr fange ich zu malen an", und seine Augen leuchteten wieder wie früher.

Der Mann wurde älter und entschied, mit dem Malen zu beginnen, wenn er in Rente gehen würde. Sein Job war anstrengend und es blieb zu wenig Zeit, um jetzt schon ernsthaft damit anzufangen. Wenn er Rentner war, würde er genügend Zeit haben, sich den Traum zu erfüllen, der noch immer seine Augen zum Strahlen brachte.

Als er dann zu arbeiten aufhörte, war der Mann müde und erschöpft. Schließlich war er nicht mehr der Jüngste. Er nahm sich vor, erst einmal wieder zu Kräften zu kommen, bevor er sich ans Malen machen würde.

So vergingen wieder einige Jahre.

Dann wurde der Mann schwer krank. „Wenn ich wieder gesund bin, werde ich Bilder malen", sagte er sich. Doch die Kraft reichte nicht mehr aus, um seine Augen zum Leuchten zu bringen.

Auf seinem Grabstein stand unter seinem Namen: „Einer, der immer malen wollte und es nie getan hat."

Die schlechte Idee

Es war einmal eine schlechte Idee.

Sie schämte sich sehr, denn sie wusste genau, wie schlecht sie war. Sie versuchte unerkannt zu bleiben, indem sie sich tagsüber versteckte und nur nachts durch die Welt zog.

Doch es gibt natürlich auch Menschen, die nachts unterwegs sind, so dass es ganz schön schwierig für die schlechte Idee war, nicht entdeckt zu werden.

Eines Nachts stand der Mond groß und rund am Himmel und die schlechte Idee schaute verträumt hinauf. Und als sie gerade nicht aufpasste, kam ein Mensch vorbei und bekam die schlechte Idee.

Sie erschrak ganz furchtbar, denn genau das hatte sie ja immer verhindern wollen.

Doch der Mensch lachte nur und sagte: „Das ist eine ziemlich schlechte Idee, aber wenn ich sie einfach umdrehe und genau das Gegenteil davon mache, ist die Idee genial!"

Und so ging der Mann mit der schlechten Idee nach Hause, die nun gar keine schlechte Idee mehr war.

Zwei Inseln

Es waren einmal zwei Inseln, die recht nah beieinander im Ozean lagen.

„Ich bin viel schöner", sagte die eine Insel.

„Ich bin viel größer", antwortete die andere Insel.

„Ich habe den längsten Strand", sagte die eine Insel.

„Ich habe die höchsten Palmen", erwiderte die andere Insel.

„Auf mir wachsen Sträucher, die die süßesten Beeren tragen", sagte die eine Insel.

„Auf mir brüten die buntesten Vögel", gab die andere Insel zurück.

Und während sie auf diese Weise miteinander stritten, verging viel Zeit. Immer mehr Sand wurde vom Ozean herangetragen und so wuchsen die Inseln Stück um Stück.

Eines Tages berührten sich die äußersten Enden der Inseln und es dauerte nicht lang, bis die beiden Inseln zu einer verschmolzen.

Darüber waren die beiden Streithähne sehr unglücklich. „Wer von uns ist denn nun besser?", klagten sie.

Es war der Wind, der ihnen antwortete: „Einzeln wart ihr beide tolle Inseln. Zusammen seid ihr die beste Insel auf der Welt."

Vom Traum,
der Wirklichkeit werden wollte

Es war einmal ein Mann, der hatte einen Traum.

Diesen Traum hatte er schon sehr lange und er dachte immer wieder wehmütig an ihn.

Der Traum selbst hatte sich riesig darüber gefreut, von dem Mann erdacht zu werden und er war ganz aufgeregt, denn irgendwann musste er ja umgesetzt werden.

Doch schnell erkannte der Traum, dass der Mann zwar viel an ihn dachte, aber nie wirklich etwas dafür tat, ihn Wirklichkeit werden zu lassen.

Das machte den Traum sehr traurig, denn er wollte doch so gerne wahr werden.

Er half dem Mann, so gut er konnte, indem er in den Gedanken des Mannes immer wieder wundervolle Bilder von seiner Erfüllung erscheinen ließ. Auch arbeitete er mit den Ideen zusammen, die gemeinsam immer wieder neue Vorschläge machten.

Doch nichts geschah.

Eines Tages wurde es dem Traum zu dumm und er machte sich auf die Suche nach einem anderen Menschen.

Der Ideengarten

Es war einmal ein kleines Mädchen, das sehr traurig war.

Während alle anderen immer wieder auf gute oder lustige Ideen kamen, fiel ihm selbst einfach nichts ein. Es hatte keine Einfälle für tolle Spiele, es wusste nie, was es malen konnte und wenn es einem Tier einen Namen geben wollte, fiel ihm auch keiner ein.

Als das Mädchen das nächste Mal seine Großmutter besuchte, fragte diese: „Was bist du denn so traurig? Raus damit."

Und da erzählte das Mädchen über die tollen Ideen der anderen Kinder und dass ihm selbst nie etwas einfiel.

„Woher bekomme ich nur gute Ideen?", fragte das Mädchen.

„Oh, da kann ich dir helfen", sagte die Großmutter. „Pass auf: Schließ einmal die Augen.

Atme einige Male tief durch. Es gibt in dir einen wundervollen Garten und du kannst jederzeit dorthin gehen. Siehst du die kleine Gartenpforte vor dir da zwischen den Büschen? Öffne sie und tritt ein. Dies ist dein ganz persönlicher Ideengarten. Hier wachsen alle nur erdenklichen Pflanzen: Bäume, Sträucher, Hecken, Blumen und allerlei andere Gewächse. Und an all diesen Pflanzen reifen Ideen. Ernte sie!"

Von da an wusste das Mädchen, wo es Ideen finden konnte.

Vom Frühling,
der nicht mehr lieblich sein wollte

Eines Jahres wurde es dem Frühling zu bunt.
Alle hielten ihn immer für ach so nett. Die anderen Jahreszeiten zogen ihn schon damit auf,
dass er so lieblich und so hübsch war. Dabei
war doch auch er ein ganzer Kerl!

Er beschloss, es den anderen mal so richtig
zu zeigen. Als also seine Zeit kam, rief er die
Winde zu Hilfe und schickte kräftige Stürme
über das Land. Dazu bat er den Regen, ordent-
lich zu schütten. Die Sonne schickte er in den
Urlaub und ließ sie wissen, sie brauchte erst im
Sommer wieder aufzutauchen.

So kam es, dass die Menschen diesen Frühling als furchtbar erlebten. Es war kalt und grau,
regnete und stürmte. Die Bäume hielten ihre
Blätter zurück, die Blumen ihre Blüten. Kaum
ein Vogel sang, denn nach Nestbau war keinem
von ihnen zumute. Kurz und gut: es war ein
Jammer.

Und während der Frühling zu Beginn noch mächtig stolz auf sich gewesen war, wurde ihm die Sache nun langsam unangenehm.

Die anderen Jahreszeiten hatten auch nicht so reagiert wie erhofft. Keiner lobte seinen Schneid, keiner bewunderte ihn. Überall nur vorwurfsvolle Blicke.

„Ich will aber nicht immer lieb und nett sein!", schluchzte der Frühling.

„Werde erwachsen", sagten die anderen.

Es dauerte eine Zeit, bis er begriff, was sie damit meinten: nämlich, dass die Lieblichkeit eben zum Frühling dazugehörte, so wie die Hitze zum Sommer, die Stürme zum Herbst und der Schnee zum Winter. Von da an stand der Frühling zu dem, was ihn ausmachte.

Nur hin und wieder kann er es nicht lassen. Dann stürmt und regnet es. Aber wir können sicher sein, dass danach wieder wunderbar liebliche Frühlingstage folgen werden.

Wie der Weihnachtsbaum
zu leuchten begann

Es war einmal ein kleines Licht.

Dieses Licht war so winzig klein, dass man es kaum wahrnehmen konnte.

„Ich tauge zu nichts", seufzte das winzige Licht und wurde dabei noch ein bisschen unscheinbarer.

Eines Tages kam ein anderes Licht vorbei. Es war nicht viel größer als das kleine Licht, aber es funkelte fröhlich.

„Hey, du!", rief das vorbeikommende Licht. „Warum bist du so blass?"

„Ach", antwortete das kleine Licht, „ich bin so winzig, mich nimmt niemand wahr."

„Komm mit!", sagte das andere Licht und das kleine Licht folgte ihm.

Nach einer Weile fragte das kleine Licht: „Wohin gehen wir?"

„Wir werden wichtig", antwortete das andere Licht.

Unterwegs trafen die beiden Lichter viele andere kleine Lichter. Und je mehr zu ihnen stießen, desto heller wurde es um sie herum.

Nach einer langen Weile erreichten sie endlich ihr Ziel.

Vor ihnen stand ein riesiger Weihnachtsbaum. Er sollte in diesem Jahr auf dem Marktplatz mitten in der Stadt den Menschen Freude machen. Allerdings war er ganz dunkel und so konnte ihn niemand sehen.

Als die Lichter den dunklen Baum sahen, der da ganz traurig stand, wussten alle sofort, was zu tun war: Sie hüpften auf seine Zweige und Äste. Jedes Licht hatte seinen eigenen Platz. Und alle zusammen ließen sie den Weihnachtsbaum hell und heller erstrahlen.

Und am allerhellsten leuchtete das winzig kleine Licht.

Der Misserfolg,
der keiner sein wollte,
und andere Geschichten
von Mut und Zweifel

Vom Vogel, der anders war

Es war einmal ein Vogel, der anders als die anderen war.

Schon als er aus dem Ei schlüpfte, waren seine Federn seltsam gefärbt und seine Stimme war einfach schrecklich.

Seine Eltern nahmen an, dass sich das noch ändern würde, wenn er erst einmal groß wäre, aber der Vogel behielt seine seltsame Farbe und er lernte nicht zu singen.

Und so prophezeiten ihm alle, dass er nie eine Vogelfrau finden würde. Er solle sich da keine falschen Vorstellungen machen – Vogelfrauen wollten nur solche Vogelmänner, die gut aussahen und singen konnten.

Der kleine Vogel hörte sich das mit großen Augen an.

Im nächsten Jahr zur Balzzeit machten sich alle männlichen Vögel bereit. Sie fetteten ihr

Gefieder, damit es schön glänzte und sie übten
Lieder ein, um die Frauen zu beeindrucken.

Manche fragten sich, ob der Vogel, der nicht
singen konnte und diese seltsame Farbe hatte,
überhaupt auftauchen würde.

„Der traut sich bestimmt nicht", rief einer und
alle nickten.

Nun fingen die Vogelmänner zu singen an.
Sie sangen um die Wette, doch keine Vogelfrau
kam geflogen. Da schauten sich die Männer
um und sahen, dass alle Vogelfrauen ein Stück
weiter in einem Baum saßen.

„Was ist denn da los?", riefen die Vogelmänner
und flogen hin, um nachzuschauen.

Dort erkannten sie, dass der Vogel, der nicht
singen konnte, alle Frauen um sich geschart
hatte.

„Was um Himmels willen findet ihr denn nur an
ihm?", fragten die Vogelmänner.

Die Vogelfrauen aber hörten gar nicht auf sie, sondern hatten nur Augen und Ohren für den Vogel, der anders als die anderen war.

Nur eine drehte sich um und rief: „Er hat Humor und bringt uns zum Lachen."

Der verlorene Mut

Eines Tages fand sich der Mut irgendwo auf einer Landstraße wieder.

Er hatte keine Ahnung, wo genau er sich befand und wie er dort hingekommen war. Jemand musste ihn wohl verloren haben, soviel stand fest.

Nun saß der Mut also am Straßenrand und wusste nicht, was er tun sollte. Ihm war leider nicht bekannt, wer ihn eigentlich verloren hatte und so konnte er sich nicht selbst auf die Suche nach der Person machen, die ihn mutmaßlich bereits vermisste.

Also beschloss er, genau dort, wo er war, sitzen zu bleiben.

Und wahrscheinlich sitzt er noch immer dort und wartet darauf, wiedergefunden zu werden.

Die Geschichte vom Löwenzahn

Es waren einmal zwei Löwenzahnsamen.

Die wurden vom Wind in einen Hof geweht,
wo es nur Asphalt gab. Hier war keine Wiese,
es gab keine Büsche, hier war nur Stein.

Der eine der beiden Samen sagte: „Hier kann
nichts wachsen", und starb.

Der andere Samen aber meinte: „Es muss
einen Sinn haben, dass es mich hierher geweht
hat. Ich werde alles versuchen, um zu einem
kräftigen Löwenzahn heranzuwachsen."

Er ließ sich an den Rand der Mauer wehen,
die den Hof umgab. Hier fand er etwas Erde,
die ebenfalls dorthin gepustet worden war –
gerade genug, um Wurzeln zu schlagen.

Nach einigen Wochen war aus dem Samen
eine kleine Pflanze geworden. Keck leuchtete
die gelbe Blüte aus dem Grau hervor.

Plötzlich hörte der Löwenzahn ein Klingeln und danach Kinderstimmen. Der traurige Hof war ein Schulhof und die Kinder waren in den Ferien gewesen. Nun kamen sie aus dem Gebäude, um ihre Pause hier zu verbringen.

Da erblickte ein Mädchen den Löwenzahn und rief die anderen Kinder herbei. Und alle freuten sich über die Blume, die so unverhofft auf ihrem Schulhof wuchs.

Was den Streit zwischen Ja und Nein beendete

Eines Nachts fiel ein kleiner Stern vom Himmel. Er hatte nicht aufgepasst und war versehentlich heruntergerutscht. Er landete genau dort, wo das Ja und das Nein mal wieder eine ihrer endlosen Auseinandersetzungen austrugen. Ja und Nein konnten einander nämlich stundenlang gegenüberstehen und einfach nur „Ja!" und „Nein!" rufen, ohne je zu einer Einigung zu kommen.

Der kleine Stern rappelte sich auf und schaute die beiden an.

Dann fragte er: „Ich möchte wieder zurück an den Himmel – könnt ihr mir bitte helfen?"

Nein antwortete: „Nein!" und setzte sich mit verschränkten Armen auf einen Stein.

Ja hingegen sagte: „Ja!" und setzte alles in Bewegung, um dem kleinen Stern zu helfen.

Erst schleppte es eine große Leiter an, um den Stern auf diese Weise hoch in den Himmel zu heben. Aber die Leiter war zu kurz. Daraufhin versuchte es, den Stern weit in die Höhe zu werfen, aber auch das klappte nicht. Schließlich bat Ja die Fledermaus um Hilfe und tatsächlich konnte sie den Stern zurück zum Himmel bringen.

Nun leuchtete der kleine Stern wieder glücklich hoch oben.

Von diesem Moment an stritt das Ja nie wieder mit dem Nein, denn es wusste, dass es recht hatte.

Im Fundbüro

Eines Tages stand die Hoffnung vor dem Schalter des Fundbüros.

„Hier sammeln Sie doch Dinge, die verloren wurden, richtig?", fragte die Hoffnung.

Der Mann am Schalter nickte.

„Gut, dann bin ich hier richtig – man hat mich verloren."

„Aber", sagte der Mann am Schalter, „es kommen nicht viele Menschen ins Fundbüro."

„Selbst dann nicht, wenn sie etwas vermissen?"

„Selbst dann nicht."

„Obwohl alle wissen, dass Verlorenes hier aufbewahrt wird?"

„Ja, obwohl sie das wissen."

„Aber warum denn nicht?", fragte die Hoffnung.

„Tja", sagte der Mann, „das liegt wahrscheinlich daran, dass die Menschen die Hoffnung
verloren haben."

Schwermut und Leichtsinn

Es war ein grauer Tag. Die Schwermut saß auf einer Bank im Park und seufzte tief.

Da hüpfte der Leichtsinn vorbei und setzte sich zur Schwermut: „Was machst du denn für ein Gesicht?"

„Ach", sagte die Schwermut, „manchmal wiegt einfach alles so schwer.

„Oh", sagte der Leichtsinn und sah verblüfft aus. „Ich kenne nichts, was wirklich schwer wiegt."

Das wiederum ließ die Schwermut erstaunt aufblicken: „Wie – du kennst nichts, was schwer ist? Was ist mit den Sorgen, was mit dem Leid, was mit dem Schmerz … und was ist mit dem Leben?"

„Wirf sie mir rüber und ich jongliere mit ihnen!", rief der Leichtsinn.

„Du bist verrückt", sagte die Schwermut, aber sie warf dem Leichtsinn tatsächlich einige Brocken zu. Spielend leicht fing er sie auf und wirbelte sie durch die Luft. Und da konnte die Schwermut zum ersten Mal seit langer, langer Zeit wieder lachen.

Doch schon im nächsten Moment traf eines der Gewichte den Leichtsinn am Kopf, so dass er stürzte und von all den schwerwiegenden Dingen unter sich begraben wurde.

Nur noch sein Kopf schaute heraus und mit einem schiefen Lächeln rief er: „Na gut, ganz so leicht ist es vielleicht nicht – aber ich muss es ja auch nicht mit allem gleichzeitig versuchen, oder?"

Hoffnung und Zweifel

Die Hoffnung ging spazieren.

Und wie sie so leichten Schrittes den Weg entlang sprang, traf sie auf den Zweifel, der ebenfalls einen Spaziergang machte.

„Vielleicht geht er einfach vorbei", dachte die Hoffnung.

„Das geht nicht gut", dachte der Zweifel.

Da der Weg sehr schmal war und keiner der beiden ausweichen wollte, standen sie sich bald wie zwei Duellanten direkt gegenüber.

Als sie sich so anstarrten, wurde ihnen plötzlich die Tatsache bewusst, dass sie sich bis aufs Haar glichen. Keiner hätte von außen sagen können, wer was war.

Sie wichen erschrocken voreinander zurück und beschlossen beide, unverzüglich umzukehren.

„Vielleicht hat er mich gar nicht gesehen", dachte die Hoffnung.

„Das hatte nicht gut gehen können", dachte der
Zweifel.

Die Geschichte von der Entscheidung, die fast nicht getroffen wurde

Einmal stand eine große Entscheidung an.
Alle waren gekommen, um ihre Meinung dazu zu sagen.

Die Vernunft brachte gute Gründe dafür vor und die Gefühle sahen die Sache ähnlich. Die Logik ging anders an die Angelegenheit heran, kam aber zum gleichen Schluss. So wurde nach und nach klar, dass die Entscheidung wohl positiv ausfallen musste.

Doch dann meldeten sich die Bedenken zu Wort.

Sie nahmen alles, was gesagt wurde, drehten einiges herum und teilten die Argumente so auf, dass genauso viel für die Sache wie auch dagegen sprach. Jedem neuen Argument begegneten sie mit einem Gegenargument und man diskutierte tage- und nächtelang weiter.

Die meisten waren inzwischen müde und genervt. Ihnen war es egal geworden, wie die Entscheidung ausfallen würde. Die Bedenken hatten sich bei allen so breit gemacht, dass nur noch Lähmung zu spüren war.

Und so beschlossen alle, die Entscheidung aufzuschieben.

Da aber geschah Folgendes: Die Bedenken legten ihr Veto ein. Sie brachten viele gute Gründe dafür vor, dass man die Entscheidung jetzt sofort treffen müsse.

Da schauten sich die anderen an. Endlich trat die Tat vor und nahm die Sache in die Hand. Sie schickte die Bedenken nach Hause, führte eine Abstimmung durch und begann sofort damit, die Entscheidung in die Tat umzusetzen.

Die Bedenken wurden von da an nie wieder zu einer Entscheidungsfindung eingeladen.

Vom Misserfolg,
der keiner sein wollte

Eigentlich war der Misserfolg ursprünglich ein Erfolg. Zumindest war es so gedacht gewesen.

Er war wie alle anderen Erfolge durch die große Schule des Erfolgs gegangen und wusste ganz genau, worauf es ankam. So lief er zusammen mit den anderen Erfolgen in die Welt zu den Menschen, um ihnen dabei zu helfen, groß herauszukommen.

Doch wann immer der Misserfolg etwas anpacken wollte, wurde er unsicher darüber, ob der eingeschlagene Weg wirklich der richtige war. Und dann flüsterte er dem Menschen so etwas ins Ohr wie:

„Ob das wohl gutgeht?"
„Ob du das überhaupt kannst?"

Der betreffende Mensch brach dann sein Vorhaben ab.

Darüber war der Misserfolg furchtbar traurig, denn schließlich hatte er doch ein Erfolg sein wollen.

Als er gar nicht mehr weiterwusste, ging er zu seinem alten Lehrer aus der Schule des Erfolgs.

„Ich bin kein Erfolg", klagte der Misserfolg. „Was kann ich tun?"

„Schau einmal neben dich."

Der Misserfolg war verblüfft, aber tat, was der Lehrer sagte. Neben ihm stand der Zweifel.

„Erfolg und Zweifel passen nicht zusammen. Solange du seine Gesellschaft suchst, wirst du immer ein Misserfolg bleiben."

Vom Vogel,
der nicht singen wollte,
und andere Geschichten
vom Sich-Sorgen und Vorsorgen

Vom Vogel, der nicht singen wollte

Es war einmal ein kleiner Vogel.

Er war vor nicht allzu langer Zeit aus seinem
Ei geschlüpft und hatte inzwischen auch schon
ganz gut zu fliegen gelernt. Nun wollten ihm
seine Eltern das Singen beibringen.

Sein Vater sang ihm alle Lieder vor, die er kann-
te, doch der kleine Vogel traute sich nicht, ein-
zustimmen.

„Wenn ich singe", dachte er, „hören mich auch
die, die mich fressen wollen."

Und so blieb er stumm.

Nach einer Weile gaben die Eltern auf. Sie waren schon dabei, neue Eier auszubrüten und
hatten keine Zeit mehr für den kleinen Vogel.

Während all die anderen Vögel zwitscherten
und jubilierten, saß er ganz still auf einem Ast.

Zu sehr fürchtete er, eine Katze könnte auf ihn aufmerksam werden und sich von hinten anschleichen. Oder ein Falke könnte kommen und ihn im Sturzflug ergreifen. Wenn er nicht sang, würden die Jäger ihn bestimmt nicht entdecken.

Der kleine Vogel wurde sehr alt. Aber er war sehr einsam.

Der kleine Glückspilz

Es war einmal ein kleiner Glückspilz.

Schon bei seiner Geburt waren seine Eltern davon überzeugt, dass er immer Glück haben würde. Und so sagten sie ihm täglich, dass selbst wenn es mal hart auf hart kommen würde, doch immer ein Glücksstern über ihm leuchten würde. Das sollte er nie vergessen.

Und so war es. Der kleine Glückspilz war ein echtes Sonntagskind. Was er auch anfasste, gelang ihm. Wenn er ein Los kaufte, gewann er und wenn sich wirklich mal eine Schwierigkeit zeigte, gab es immer jemanden, der ihm half, sie zu überwinden.

Eines Tages traf er auf einen Pechvogel. „Glück?" Der Pechvogel lachte bitter. „Das ist nur eine Illusion! Eines der gemeinen Spiele, die das Leben mit uns treibt. Es tut so, als hätten wir Glück, nur um uns danach wieder alles wegzunehmen."

Im Herzen des kleinen Glückspilzes regten sich Zweifel. Vielleicht hatte der Pechvogel ja recht und sein Glück würde bald enden?

Und tatsächlich schien der Pechvogel zu wissen, wovon er sprach, denn von diesem Tag an ging für den kleinen Glückspilz einfach alles schief.

Was er auch anfing, misslang ihm. Er gewann mit keinem einzigen Los mehr etwas, und die Schwierigkeiten ließen sich plötzlich nicht mehr bewältigen, sondern wurden im Gegenteil immer größer und größer.

So saß er eines Abends da und klagte wie der Pechvogel über die Schlechtigkeit des Lebens. Es war schon dunkel und plötzlich nahm er aus dem Augenwinkel ein Funkeln wahr.

Er schaute auf und sah am Himmel einen Stern glitzern. „Mein Glücksstern", flüsterte er. „Ich habe ihn ganz vergessen. Ich bin ein Glückspilz, egal, was andere sagen."

Und so war es.

Das Sorgenhuhn

Es war einmal ein Sorgenhuhn.

Statt wie andere Hühner nach Körnern und Würmern zu picken, suchte dieses Huhn nach Gründen, sich Sorgen zu machen. Jeden Anlass dazu nahm es auf und verschlang ihn.

Auf diese Weise wurde das Huhn aber immer dünner und dünner. Nicht nur, dass es kein Futter zu sich nahm, auch die Sorgen fraßen es von innen her auf.

Ein anderes Huhn bekam Mitleid und ging zum Sorgenhuhn. „So kann es nicht weitergehen", sagte es zu ihm. „Du darfst nicht nur nach Sorgen suchen! Ich zeig' dir mal, was es noch zu finden gibt."

Auf diese Weise lernte das Sorgenhuhn, dass sich im Boden leckere Krümel und Käfer verbargen. Und es lernte viele schöne Dinge kennen, wie das frische Gras, die bunten Blumen und die Sonne.

Das Leben war so schön!

Hin und wieder fand das Sorgenhuhn zwar auch noch eine Sorge, aber mit einer ließ es sich gut leben.

Die zwei Korallen

Auf dem Grund des Ozeans lebten einmal
zwei Korallen nebeneinander. Die eine war eine
Weich-, die andere eine Hartkoralle.

„Man muss sich immer gut schützen", sagte die
Hartkoralle. „Man braucht eine harte Schicht,
damit der weiche Kern nicht angreifbar ist.
Festigkeit ist alles."

Die Weichkoralle hörte zu und wiegte sich sanft
in der Strömung. Sie überlegte angestrengt,
ob und wie es ihr möglich wäre, sich eine harte
Schale zuzulegen, so wie die Hartkoralle eine
hatte.

Und genau in diesem Moment ließ ein Schiff
von oben seinen Anker hinab. Er fiel genau auf
die beiden Korallen.

Dort blieb er einige Stunden liegen, bis er endlich wieder eingeholt wurde.

Die Weichkoralle richtete sich langsam wieder auf. Das schmerzte, aber sie schien immerhin unverletzt zu sein.

„Die Hartkoralle hat recht", dachte sie, „man muss sich mit einer harten Schale schützen. So weich und biegsam wie ich es bin, bin ich viel zu ungeschützt."

Dann schaute sie hinüber zur Hartkoralle. Der Anker hatte sie einfach zerbrochen.

Gut gemeint

Es war einmal eine Frau, die es immer gut meinte.

Wenn sie Samen in die Erde setzte, entfernte sie vorher die Schalen, damit die Körner es leichter hatten zu keimen.

Wenn dann das erste Grün durch den Boden stieß, begann sie behutsam, die Erde zur Seite zu schieben und zupfte den noch gekrümmten Keimling auseinander, damit die Blätter es leichter haben würden, sich zu entfalten.

Wenn sie einen kleinen Vogel sah, der gerade das Nest verlassen hatte, lief sie zu ihm, nahm seine Flügel, um ihm zu zeigen, wie er fliegen könne und setzte ihn auf den nächsten Ast.

Eines Tages sprach sie der Nachbar auf ihr Treiben an: „Liebe Frau, warum tun Sie das eigentlich?"

„Was meinen Sie?"

„Warum zerstören Sie die Samen, bevor sie austreiben können? Warum verletzen Sie die jungen Triebe, bevor sie stark werden können? Und warum sorgen Sie dafür, dass die kleinen Vögel nicht mehr von ihren Eltern gefüttert werden und brechen ihnen noch fast die Flügel?"

Da erschrak die Frau.

Von der Frau,
die nicht mehr fühlen wollte

Es war einmal eine Frau, die sich eines Tages entschied, ab sofort nichts mehr zu empfinden:

„Zu viel Leid habe ich erlebt, zu viele Enttäuschungen, zu viel Schmerz. Ich habe mich zu oft geärgert, war neidisch und eifersüchtig. Ich bin viel zu oft in meinem Leben wütend und ungerecht geworden. Und ich habe viel zu viel Angst gehabt. Mir reicht es! Ich will ein Leben ohne all diese Gefühle, denn sie zu empfinden tut mir nicht gut."

Und so sagte sie sich, wann immer ein Gefühl in ihr aufstieg: „Ich will das nicht fühlen."

Mit der Zeit wurde sie so gut darin, dass sie tatsächlich nichts Negatives mehr empfand.

Keinen Schmerz, keine Wut, keine Angst. Wenn sie ungerecht behandelt wurde, blieb sie unbeteiligt, wenn jemand ihr übel mitspielte, machte ihr das nichts aus, und wenn etwas kaputtging, warf sie es einfach weg, ohne sich auch nur einen Moment zu ärgern. Sie machte sich keine Sorgen mehr und fürchtete sich auch nicht mehr vor der Zukunft.

„Warum habe ich das nicht schon viel eher getan?", fragte sich die Frau.

Doch nach einer Weile erlebte sie seltsame Dinge. Da waren zum Beispiel die Kinder auf dem Spielplatz, die lachten. Sie verstand nicht, warum. Oder die Verliebten, die einander in den Armen hielten und sich gegenseitig Dinge zuflüsterten. Ihr war nicht klar, was die beiden da taten. Als sie ihre Mutter besuchte, nahm diese sie in den Arm, doch es bedeutete ihr nichts. Und als ein guter Freund starb, sah sie auf der Beerdigung alle trauern, doch sie konnte nicht nachvollziehen, warum.

Es dauerte nicht lange und sie merkte, dass die anderen ihre Gesellschaft mieden. Das machte ihr zwar nichts aus, aber sie verstand wiederum nicht, warum dies geschah.

Als sie dann eines Abends allein in ihrem Zimmer saß, erinnerte sie sich daran, dass es in ihrem Leben doch auch einmal Freude gegeben hatte und Begeisterung und Liebe. Sie fragte sich, wann sie das letzte Mal so etwas empfunden hatte und konnte es nicht sagen.

Da wurde ihr klar, dass sie nicht mehr nur nichts Negatives mehr fühlte, sondern dass sie alle, also auch die schönen Gefühle, verloren hatte. Sie empfand einfach gar nichts mehr.

Und darüber konnte sie nicht einmal mehr weinen.

Von einem, der sich selbst verlor

Es war einmal ein Mann, der sehr unsicher war.

Weil er annahm, dass niemand ihn gernhaben könnte, setzte er alles daran, dass die Menschen ihn für jemand anders hielten.

So gab er vor, einen anderen Beruf zu haben als den, den er tatsächlich ausübte. Auch nannte er grundsätzlich eine andere Adresse als die, wo er tatsächlich wohnte. Nach seinem Alter befragt, machte er sich je nach Anlass älter oder jünger, als er war. Er erfand Geschwister, die er nicht hatte oder machte sich zum Waisenkind, er gab vor, verheiratet oder verwitwet zu sein, mal war er körperlich topfit oder auch schwer krank – je nach Gesprächsthema oder Umfeld.

Eines Morgens, als er nach dem Aufstehen in den Spiegel schaute, war dieser leer. Der Mann starrte auf das Glas, das nur die Kacheln hinter ihm widerspiegelte und konnte sich selbst nicht mehr entdecken.

Von der Sorge

Die Sorge war eine Wanderin. Normalerweise reiste sie hierhin und dorthin, um überall zu sein. Hin und wieder aber sehnte sie sich nach etwas Ruhe.

Dann suchte sie sich einen Menschen, der sie aufnehmen würde. Das war nicht schwer, denn die meisten Menschen sind sehr empfänglich für Sorgen.

Auch jetzt war die Sorge müde und flüsterte deshalb der erstbesten Frau, die sie traf, nur einen einzigen Satz ins Ohr „Deine Tochter sieht nicht gut aus" – und schon war sie ins Herz der Frau eingezogen.

Und wie ließ die Sorge es sich dort gut gehen! Sie ernährte sich von all den Gefühlen, die sie bei der Frau auslösen konnte: Angst, Zweifel, Panik, Traurigkeit, Verzweiflung.

Eines Tages stellte sich die Frau vor den Spiegel und schaute sich an. Die Sorge hatte das Gefühl, dass die Frau ihr tief in die Augen sah und das war ihr unangenehm.

„Sorgst du dich?", fragte die Frau sich selbst. Und sie nickte. „Auch um dich selbst?"

Da merkte die Sorge, dass es Zeit war zu gehen.

Die abergläubische Frau

Es war einmal eine Frau, die sehr abergläubisch war.

Sie hatte unzählige Talismane und verbrachte viel Zeit damit, ausgefeilte Rituale durchzuführen, die mehr Glück und Schutz versprachen.

In ihrem Dorf wohnte eine alte, weise Frau und die abergläubische Frau ging eines Tages zu ihr, um sich Rat zu holen, was sie noch tun konnte, um ihr Glück zu fördern.

Die alte Frau nickte bedächtig mit dem Kopf und sagte dann: „Beschaffe mir fünf Äpfel und fünf Birnen und ich sorge für dein Glück."

Die Frau lief los und tat, was ihr die Alte aufgetragen hatte. Als sie voll froher Erwartung wiederkam, erhielt sie einen neuen Auftrag:

„Bring mir drei Eimer voll Wasser vom Brunnen und ich sorge für dein Glück."

Auch das tat die Frau.

Dann sagte die Alte: „Melke meine Ziegen und ich sorge für dein Glück."

Die Frau verlor langsam die Lust an den Aufträgen. Aber sie traute sich nicht, etwas dagegen zu sagen. Wenn die alte Frau der Meinung war, dass all dies zu ihrem Glück beitrüge, würde sicher etwas Schreckliches passieren, wenn sie es nicht tat. Also lief sie los und melkte die Ziegen der alten Frau.

Und so ging es den ganzen Tag lang weiter. Die Alte trug der Frau eine Aufgabe nach der anderen auf.

Am Ende des Tages sagte die Alte „Nun grabe meinen Garten um."

„Bei aller Ehrfurcht, aber nein, das möchte ich nicht. Ich habe schon so viel getan, es reicht mir. Was hat das alles mit meinem Glück zu tun?"

„Dein Glück liegt in diesem Nein", sagte die Alte und schickte die Frau nach Hause.

Als die Disziplin Urlaub machte

Die Disziplin hatte es satt.

Nicht nur, dass sie immer von allen aufgezogen wurde, ein Streber zu sein, manchmal war ihr ihre strenge Arbeitsmoral selbst zu viel.

Sie sehnte sich danach, einmal nicht aufpassen zu müssen und Urlaub zu machen, so wie andere auch. Faul sein, die Seele baumeln lassen.

Ja, das klang gut.

Und so erstellte die Disziplin einen Plan:
1. Lange ausschlafen, mindestens bis 9.00 Uhr.
2. Danach frühstücken, mindestens eine Stunde lang.
3. Dann mindestens eine Stunde auf dem Sofa liegen und nichts tun.

Auf diese Weise plante die Disziplin jeden Urlaubstag durch – schließlich musste jede Minute gut zum Erholen genutzt werden!

Am nächsten Tag begann sie, ihre Pläne in die Tat umzusetzen.

Allerdings stellte sich heraus, dass die Sache mit den Ferien nicht so war, wie sie sich das vorgestellt hatte. Denn ganz ehrlich: So viel anders als sonst fühlte sich so ein Urlaub auch nicht an! Was nur alle daran fanden?

Nach einigen Tagen beschloss die Disziplin, dass es genug sei mit dem Urlaub und begann wieder mit ihrer Arbeit.

Als Erstes machte sie dafür einen Plan …

Vom kleinen Frosch,
der unbedingt fliegen wollte,
und andere Geschichten
von der Einzigartigkeit

Das ist das Paradies!

Es war einmal eine kleine Palme.

Sie wuchs inmitten einer üppigen Oase in
der Wüste auf, zusammen mit vielen anderen
Palmen und allerlei exotischen Pflanzen.

Nun war die kleine Palme aber nicht wirklich
zufrieden. Sie hatte Reisende von anderen Län-
dern erzählen hören, die ihr viel schöner er-
schienen als der Ort, an dem sie lebte. Es sollte
sogar Orte geben, an denen es vier Jahreszeiten
gab und etwas, das man „Schnee" nannte.

Das klang einfach wundervoll für die kleine
Palme und sie wünschte sich nichts sehnlicher,
als in einem solchen Land leben zu können.

Nun ist es mit den Wünschen ja manchmal so,
dass sie tatsächlich in Erfüllung gehen.

So kam eines Tages ein Tourist zu der Oase, und
als er die kleine Palme sah, war er von ihr so

begeistert, dass er den Scheich, dem die Oase gehörte, fragte, ob er sie haben könnte.

Da der Scheich genug Palmen hatte, willigte er ein und verkaufte sie dem Touristen.

Hui, war die kleine Palme da aufgeregt!
Sie ertrug ohne Klagen, dass man ihre Wurzeln stutzte und sie aus dem Boden riss. Auch das Verpacktwerden und den langen, langen Flug nahm sie hin.

Ihr neues Heim bestand in einem schönen, großen Kübel, der auf einer Terrasse stand.
Von dort aus konnte sie in einen zauberhaften Garten schauen, in dem alles herrlich blühte.
„Das ist das Paradies!", dachte die kleine Palme.

Dann wurde aus dem Sommer Herbst und mit den fallenden Blättern kam die Kälte.

Die kleine Palme begann furchtbar zu frieren und der Schnee, auf den sie sich so gefreut hatte, biss ihr in die Wedel. In einer besonders kalten Nacht, dachte sie, sie müsse sterben

und am nächsten Morgen waren ihre Wedel
ganz braun.

Da wurde die Palme abgeholt. Man brachte sie
in den Botanischen Garten, wo man sie in ein
warmes Gewächshaus pflanzte.

Dort erholte sie sich gut. Doch wenn sie heute
durch das Glas in den Himmel schaut, erinnert
sie sich an ihr Leben in der Oase. Und dann
seufzt die kleine Palme.

Die Geschichte der stolzen Rose

Es war einmal eine Rose.

Sie war sehr stolz auf ihre wundervollen Blüten
und ihren betörenden Duft. Und es gefiel ihr
gar nicht, dass in dem Garten, in dem sie lebte,
immer auch noch viele andere Blumen mit
ihren Farben und Düften lockten. So stand sie
nie im Mittelpunkt und sie fand, dass das ihrer
Pracht nicht gerecht wurde.

Also beschloss sie, in der nächsten Saison erst
dann zu blühen, wenn all die anderen Blumen
bereits verblüht sein würden. Dann endlich wäre
ihr die ungeteilte Aufmerksamkeit aller sicher.

Der Sommer kam und alle Blumen im Garten
blühten und dufteten. Menschen und Tiere hatten viel Freude an ihnen.

Die Rose aber hielt ihre Blüten fest geschlossen.
Sie konnte sich nicht an den Gesprächen mit den
anderen Blumen beteiligen, weil sie sich ganz

und gar darauf konzentrieren musste, dass ihre Knospen nicht einfach aufsprangen.

Die Rose spürte keine Sonne auf ihren Blüten und auch keinen erfrischenden Tau. Keine Hummel und kein Schmetterling kam zu ihr. Und kein Mensch, der an ihr roch und ihre Schönheit bewunderte.

Stattdessen hörte sie, wie hin und wieder jemand sagte, dass die Rose in diesem Jahr einfach nicht blühen wollte.

„Tja, ihr müsst warten auf mich – aber dann könnt ihr mich bewundern, mich ganz allein", dachte sie bei sich und hielt verbissen an ihrem Vorhaben fest.

Und so kam der Herbst, nass, kalt und grau.

Die anderen Blumen hatten sich bereits für den nahenden Winter zurückgezogen, als die Rose beschloss, dass es Zeit für ihren Auftritt sei. Nun würde ihr keiner die Show stehlen können, jetzt würden sich alle Augen auf sie richten.

Doch noch bevor sie endlich ihre Knospen öff-
nen konnte, kam der Gärtner, der für die Pflege
der Blumen verantwortlich war, und er
beschnitt die Rose.

Raupe und Schmetterling

Eine kleine Raupe kam über das Blatt einer Rose gekrochen und traf dort an der Blüte einen Schmetterling.

Wie schön er war!

Seine Flügel leuchteten in bunten Farben und er wirkte so leicht und anmutig.

Die kleine Raupe seufzte: „Oh, wann bin ich nur endlich so schön wie du? Ich hasse es, eine Raupe zu sein."

„Ach, kleine Raupe, du wirst noch schnell genug so werden wie ich. Genieße jetzt, eine Raupe zu sein."

„Wie kann ich das genießen? Ich bin ja nicht mehr als ein dicker Wurm. Ich möchte fliegen können, so wie du."

„Das kann ich gut verstehen, kleine Raupe, denn es ging mir nicht anders als dir", sagte der

Schmetterling. „Aber jetzt, wo ich endlich ein Schmetterling bin, stehe ich auch am Ende meines Lebens. Ich habe noch einige Tage, die ich von Blume zu Blume flattern kann. Dann werde ich sterben."

Damit flog er davon und die kleine Raupe erkannte, dass es gar nicht so schlecht war, eine Raupe zu sein.

Vom kleinen Frosch,
der unbedingt fliegen wollte

Es war einmal ein kleiner Frosch.

Er hatte sich gerade von einer Kaulquappe zu einem richtigen Frosch entwickelt und saß nun am Rand des Teiches, in dem er geboren worden war. Über ihm zogen die Schwalben ihre Kreise und immerzu schaute er ihnen beim Fliegen zu.

Die anderen kleinen Frösche begannen mit ihren ersten Hüpfübungen. Sie spürten die Kraft in ihren Beinen und wollten springen, springen und wieder springen.

Nicht so der kleine Frosch.

Obwohl ihn die anderen riefen, blieb er sitzen und sagte: „Ich will nicht springen. Springen ist unwürdig. Ich will lieber fliegen wie die Schwalben dort oben."

Während die Schenkel der anderen Frösche immer kräftiger wurden, verkümmerten die des kleinen Frosches und er seufzte immer wieder: „Hätte ich doch nur Flügel, könnte ich doch nur fliegen …"

Eines Tages verdunkelte sich plötzlich der Himmel. All die anderen Frösche sprangen flink davon – bis auf den kleinen Frosch, der lieber fliegen wollte.

Er spürte noch, wie ein Schnabel ihn packte und der Storch sich mit ihm emporschwang.

Das perfekte Haus

Ein Einsiedlerkrebs lebte auf dem Meeresboden ganz in der Nähe einer schönen Koralle.
Er besaß ein feines Schneckenhaus, in das er
sich jederzeit zurückziehen konnte.

Doch eines Tages schien ihm sein Schneckenhaus nicht mehr gut genug zu sein: „Ich bin
ein angesehener Einsiedlerkrebs und sollte mir
ein neues Haus suchen", sagte er zu sich.
„Ich habe einfach etwas Besseres verdient."

Und so verließ er sein Schneckenhaus und
machte sich auf die Suche. Dutzende, ja, sogar
hunderte von Schneckenhäusern probierte
der Krebs aus, aber keines erfüllte seine Erwar-
tungen. Das eine war zu groß, das andere zu
klein, wieder ein anderes hatte einen Riss und
das nächste nicht die richtigen Farben.

Entmutigt setzte er sich in den Sand. Da fiel
sein Blick auf ein weiteres Schneckenhaus.

Er mobilisierte noch einmal alle Kräfte, kroch zu diesem Schneckenhaus und schlüpfte hinein.

Und ja, das war das perfekte Schneckenhaus! Es passte genau, es sah wunderschön aus und er fühlte sich auf Anhieb ganz zu Hause.

Selig schlief er ein.

Als er am nächsten Morgen aufwachte, fiel sein Blick auf die schöne Koralle ganz in seiner Nähe. Darauf besah er sich das Schneckenhaus genauer… und es war exakt das Haus, das er verlassen hatte, um sich ein besseres zu suchen.

Von einem,
der die Nase zu hoch trug

Es war einmal ein eitler Mann.

Bevor er aus dem Haus ging, stand er über eine
Stunde im Bad vor dem Spiegel und sorgte
dafür, dass jedes Haar am richtigen Platz saß.
Für die Auswahl seiner Kleidung brauchte er
mindestens genauso lange und niemand würde je einen Fussel an seiner Jacke oder einen
Fleck auf seinen Schuhen entdecken.

Wenn er das Haus verließ, trug er die Nase hoch,
denn jeder sollte sehen, dass er besser war als
alle anderen. Er gab sich mit niemanden ab,
der nicht mindestens genauso fein und penibel
gekleidet war wie er selbst, alle übrigen Menschen nahm er nicht einmal wahr.

Über all die Jahre trug er seine Nase immer höher
und höher. Das allerdings wurde ihm eines Tages
zum Verhängnis.

Erst stolperte er und fiel in einen Rosenbusch, der ihm die Kleidung zerfetzte. Dann stürzte er erneut – dieses Mal in eine große Pfütze. Nun war er auch noch nass. Und als ob das noch nicht genug wäre, kam ein Auto vorbei und bespritzte ihn mit Schlamm.

Mit seiner zerrissenen, nassen und schmutzigen Kleidung lief er nach Hause – nun mit gesenktem Kopf, damit er sehen konnte, wohin er trat.

Vor seinem Haus traf er auf einen Bettler.

Der Mann war arm, aber seine Kleidung war sauber. Er trug einen Hut, in dem einige Münzen klimperten. Den hielt er dem Mann hin und sagte: „Nimm dir, Bruder."

Das leere Blatt Papier

Es war einmal ein leeres Blatt Papier. Und dieses leere Blatt legte großen Wert darauf, leer zu bleiben. Es wollte makellos weiß und rein sein.

Wann immer jemand kam, um auf ihm zu schreiben, sorgte das leere Blatt dafür, dass der Kopf dieser Person ebenfalls völlig leer wurde – eben genauso leer, wie es selbst war. Keiner konnte mehr einen klaren Gedanken fassen, keinem fiel auch nur ein einziges Wort ein, das er hätte schreiben können.

Eines Tages aber kam ein kleiner Junge vorbei. Der nahm einen Stift und malte einige Kringel auf das Blatt Papier. Dafür brauchte er nichts im Kopf, die Kringel kamen einfach so.

Das Blatt war verzweifelt. Nun war es besudelt! Nun war es vollkommen wertlos.

Doch kurz darauf kam die Mutter des kleinen Jungen. Dem Blatt war nun alles egal und es ließ geschehen, dass die Frau auf ihm schrieb.

Sie notierte sich einige wichtige Dinge, die sie nicht vergessen durfte.

Und da erlebte das Blatt ein ganz neues Gefühl: Es war nützlich.

Der Trotzkopf

Es war einmal ein kleiner Trotzkopf.

Ihm war es wichtiger als alles andere auf der Welt, nur das zu tun, was er wollte und nicht nach der Pfeife anderer zu tanzen.

Deshalb machte er grundsätzlich das Gegenteil von dem, was andere von ihm wollten.

Sollte er irgendwo pünktlich erscheinen, kam er zu spät. Äußerte jemand eine Meinung, bezog er immer die Gegenposition. Fanden die anderen etwas toll, gefiel es ihm aus Prinzip nicht.

So ging der kleine Trotzkopf durchs Leben und war sehr stolz darauf, ein unabhängiger Geist zu sein, der sich von niemandem beeinflussen ließ.

Dabei entging ihm allerdings, dass alle längst wussten, dass sie nur das Gegenteil von dem zu sagen brauchten, was sie meinten, damit der kleine Trotzkopf genau das tat, was sie wollten.

Und auf diese Weise war der kleine Trotzkopf viel leichter zu manipulieren als viele andere.

Der traurige Regenwurm

Es war einmal ein Regenwurm.

Ganz oft lag er einfach so da und war traurig darüber, nur ein Wurm zu sein. Warum konnte er nicht ein Vogel sein? Oder ein Fisch? Oder ein Mensch? Jedes Wesen schien etwas Besonderes zu können, jedes schien mehr wert zu sein als ein einfacher Wurm.

Eines Tages kam ein Mädchen vorbei. Es sah den Wurm auf dem Boden und ergriff ihn.

Da wurde dem Wurm ganz anders, denn er dachte, dass nun sein letztes Stündchen geschlagen hatte.

Stattdessen legte das Mädchen den Regenwurm in ein Marmeladenglas. Dort fand er etwas Erde und einige Blätter und eigentlich war es in dem Glas ganz gemütlich, wenn auch etwas eng.

Am nächsten Tag nahm das Mädchen den Wurm
mit in die Schule. Es wurde nach vorne gerufen,
um ein Referat zu halten.

Mit offenem Mund hörte der Wurm nun das
Mädchen über Regenwürmer sprechen. Wie sie
lebten, wie wichtig sie seien und dass sie etwas
ganz Einzigartiges könnten, nämlich aus Dreck
und Unrat fruchtbare Erde machen. Es seien
die Regenwürmer, die sicherstellten, dass im
Boden immer wieder Neues wachsen kann.

Und als das Mädchen den Regenwurm am
Abend wieder in den Garten setzte, war er der
glücklichste Wurm der Welt.

Die kleine Wolke

Es war einmal eine kleine Wolke, die sich für etwas ganz Besonderes hielt. Sie war der Ansicht, dass sie einen ganz speziellen Platz brauchte, um sich auszuregnen – dort, wo es all die anderen Wolken taten, würde sie sonst gar nicht auffallen.

Also begab sich die kleine Wolke auf die Suche nach einem ganz besonderen Platz.

Sie flog über die Welt und sah Wälder und Wiesen, Flüsse und Städte, Felder und Berge – doch kein Platz auf der Welt schien ihr angemessen. Kein Ort war wirklich besonders genug, denn überall waren auch schon andere Wolken. Und sie wollte ja einzigartig sein.

So reiste sie immer weiter, bis sie eines Tages über eine Wüste kam. Hier gab es nur blauen Himmel und gelben Sand, keine Wolke weit und breit.

„Hier kann ich endlich regnen, denn hier bin ich der Star", dachte die kleine Wolke.

Und in ihrer Begeisterung merkte sie gar nicht, dass die Hitze der Wüste sie bereits aufzulösen begann. So verdampfte die kleine Wolke, die alles daran gesetzt hatte, einen spektakulären Auftritt zu haben, in der sengenden Sonne der Wüste, und es gab niemanden, der zusah.

Das Blatt und der Baum

Es war ein ganz normaler Sommertag. Der große Baum stand wie schon seit vielen Jahrzehnten auf dem Feld und ließ seine Zweige im warmen Wind wehen.

Da fiel ihm plötzlich ein trauriges Seufzen auf. Er hörte genauer hin, um herauszufinden, woher es kam, und tatsächlich wurde noch einmal tief geseufzt.

Das Seufzen kam eindeutig aus seiner eigenen Krone und stammte von einem seiner Blätter.

Das Blatt wuchs recht weit außen an einem der kleineren Zweige.

„Sag, Blatt, was hast du?", fragte der Baum.

Das Blatt erschrak und fast sah es aus, als würde es erröten.

„Ach, nichts weiter. Ich bin nur traurig."

„Aber warum denn?"

„Weil ich das Gefühl habe, nichts wert zu sein.
Ich bin nur ein winziges Blatt unter tausenden
in deiner Krone. Ich bedeute nichts."

„Oh, da irrst du dich aber gewaltig". Vor Auf-
regung sprach der Baum jetzt ganz laut. „Du
bist das einzige Blatt, das genau an dieser
Stelle dort wachsen kann. Wenn du nicht wärst,
wäre dort ein Loch. Ich wäre ohne dich nicht
vollständig. Du machst mich zu dem, was ich
bin."

Da wurde das Blatt tatsächlich rot – vor Freude.
Und seine Freude hielt an bis zum Herbst, als
es gemeinsam mit den anderen Blättern des
Baumes um die Wette zu leuchten begann.

Von einem,
der immer alles richtig machen wollte

Es war einmal ein Bildhauer.

Er hatte seine Arbeit bisher mit gutem Erfolg erledigt und seine Skulpturen hatten immer Käufer gefunden. Er selbst aber war nie mit einer Skulptur, die er erstellt hatte, wirklich zufrieden gewesen. Immer waren ihm einige Fehler unterlaufen, die nicht mehr zu korrigieren waren, so dass keines seiner Werke tatsächlich so geworden war, wie er es sich vorgenommen hatte.

Das sollte nun anders werden, denn er hatte beschlossen, dass ihm von jetzt an auf keinen Fall mehr ein Fehler passieren würde.

Vor ihm stand ein großer Steinklotz, aus dem er nun eine Statue schlagen wollte. Da er ja keinen Fehler machen wollte, begann er damit, sich genau zu überlegen, wo er seinen Meißel ansetzen wolle. Es musste exakt der richtige Punkt sein.

Nur, welches war der richtige Punkt?

Zunächst erschien ihm ein bestimmter Ansatzpunkt richtig, dann überlegte er weiter und ein
anderer schien besser zu sein. Nach weiterem
Nachdenken kam aber auch ein dritter Punkt in
Frage.

Der Mann beschloss, für diesen Tag aufzuhören
und seine Arbeit am nächsten Morgen weiterzu-
führen.

Am nächsten Tag zeichnete er genaue Skizzen
von der Skulptur, wie er sie erschaffen wollte.
Er berechnete jeden Zentimeter, jeden Winkel
und jeden Abstand. Nun sollte es leichter sein,
den richtigen Ansatzpunkt zu finden.

Doch es erging ihm wie schon am Tag zuvor:
Er konnte sich nicht entscheiden, wo und mit
welchem Meißelschlag er beginnen sollte.

So ging es viele Tage und Wochen.

Nach einigen Monaten stand der Steinklotz
noch immer gänzlich unbehauen da. Der Kunde,

der die Skulptur in Auftrag gegeben hatte, fragte immer wieder nach, wo sie denn bliebe, doch
der Bildhauer konnte nicht liefern.

Er stand jeden Tag erneut vor dem Klotz und
überlegte, wo er nur beginnen sollte, um keinen
Fehler zu machen.

Und er schaffte es nie wieder, auch nur einen
einzigen Meißelschlag auszuführen.

Als der Tag
nicht aufstehen wollte
und andere Geschichten
vom richtigen Zeitpunkt

Als der Tag nicht aufstehen wollte

Es war einmal ein Tag, der einfach keine Lust zum Aufstehen hatte. Längst war es Zeit für ihn, anzubrechen, aber er weigerte sich. Der Tag wollte lieber im Bett bleiben und schlafen.

Die Menschen machten sich natürlich Sorgen, als die Nacht einfach weiterging, denn sie war kurzfristig für den Tag eingesprungen. Aber die Sorgen der Menschen kümmerten den Tag nicht.

Da schaltete sich das Leben ein und ging zum Tag.

„Tag", sagte das Leben, „du musst aufstehen."

„Nö, ich habe keine Lust", antwortete der Tag.

„Sei nicht dumm und vergeude mit diesem Unsinn deine Lebenszeit. Du wirst nie wieder Tag sein können, du bist nur heute. Du bist dieser Tag und kein anderer – das ist alles, was du je sein wirst. Nutze den Tag!", sagte das Leben und lächelte innerlich über dieses Wortspiel.

Der Tag war nachdenklich geworden.

Was, wenn das stimmte und er wäre nur heute? Würde er dann tatsächlich nicht aufstehen wollen?

Er überlegte noch einen Moment und brach endlich an. Und es wurde ein guter Tag.

Eine Pause für den Winter

Jahr für Jahr schimpften die Menschen auf den Winter. Zu grau sei er, zu kalt, zu lang.

So beschloss der Winter, einfach ein Jahr Urlaub zu machen. Der Herbst könnte ja einen Teil übernehmen und dann der Frühling etwas früher beginnen. Sicher würden die Menschen dann aufatmen und fröhlich sein.

Gesagt, getan: Herbst und Frühling waren einverstanden und so legte sich der Winter aufs Sofa und ließ es sich gut gehen.

Am Ende seines Urlaubs wollte er dann aber doch noch einmal kurz schauen, wie es den Menschen in der Zwischenzeit ergangen war.

Was er da vorfand, waren noch längere Gesichter als je zuvor.

Die Menschen klagten, dass es gar nicht richtig kalt geworden sei und dass es keinen

Schnee gegeben habe. Der Winter sei einfach ausgefallen in diesem Jahr!

Da verstand der Winter die Welt nicht mehr.

Von der ungeduldigen Schneeflocke

Es war einmal eine kleine Schneeflocke.
Sie saß zusammen mit vielen, vielen anderen
Schneeflocken hoch oben in einer Wolke und
konnte es kaum erwarten, endlich zur Erde
reisen zu können.

Jeden Tag quengelte und bettelte sie, doch
endlich starten zu können. Aber die Schneep-
förtnerinnen waren unerbittlich: „Noch ist es
nicht die richtige Zeit für Schnee", sagten sie.

Erst war die kleine Schneeflocke traurig, dann
wurde sie wütend und dann beschloss sie,
heimlich loszureisen. Für sie war es nämlich
genau die richtige Zeit – das wusste sie.

Sie wartete auf einen Windstoß und, huiiiii, ließ
sie sich von ihm zur Erde wirbeln. Was für ein
Spaß, welche Freude!

Nach einer Weile ließ der Wind nach und die
kleine Schneeflocke schwebte nun ganz lang-

sam hinunter. Sie konnte die Welt von oben sehen – grün und bunt und wunderschön. Am liebsten hätte sie all ihre Eindrücke mit den anderen Schneeflocken geteilt, aber sie war ja ganz allein. Fast bereute sie es ein bisschen, so vorwitzig allein gestartet zu sein.

Doch halt! Was war das?
Sie hörte die Stimme eines Jungen. Er rief: „Oh, schaut alle her, es schneit!"

Die anderen Kinder lachten nur und riefen: „Ja, ja, es schneit – du spinnst ja, es ist noch viel zu früh." Und sie rannten davon.

Aber der kleine Junge wartete auf die Schnee- flocke. Er hielt seine Hand auf und ließ die klei- ne Schneeflocke landen. Für diesen zauber- haften Moment waren beide verbunden – die kleine Schneeflocke, die nicht warten konnte, und der kleine Junge, der den ersten Schnee gesehen hatte.

Und in der Wärme der Kinderhand schmolz die Schneeflocke.

Als Sommer und Herbst
sich nicht einig waren

Es war einmal ein Jahr, in dem es lange Frühling blieb. Der Sommer hatte sich bisher nicht blicken lassen und alle hatten sich schon gefragt, wo er denn bliebe.

Dann kam der Sommer, aber er war nicht allein.

Mit ihm kam der Herbst und die beiden stritten fürchterlich. Der Herbst hatte den Sommer gefragt, ob er in diesem Jahr früher beginnen dürfte. Der Winter saß ihm immer schon so früh im Nacken und er hatte Lust darauf, auch mal richtig viel Zeit zu haben. Damit war aber der Sommer gar nicht einverstanden, denn auch ihm erschien seine Zeit viel zu kurz.

Und so stritten die beiden. Und sie stritten und stritten.

Vor lauter Streit vergaßen sie ganz, sie selbst zu sein. Plötzlich war der Winter da und die beiden Streithähne mussten gehen.

Unterwegs hörten sie die Menschen klagen: „Was für ein schreckliches Jahr! Erst hatten wir keinen richtigen Sommer und dann fiel auch noch der Herbst aus. Hoffentlich wird es im nächsten Jahr besser."

Da schämten sich der Sommer und der Herbst und schworen, sich das nächste Mal zu einigen.

Der Streit von Zukunft, Vergangenheit und Gegenwart

Eines Tages trafen sich die Zukunft, die Gegenwart und die Vergangenheit.

Die Zukunft sagte: „Hört zu: Wir müssen vorsorgen. Wenn wir nur in den Tag hineinleben, wird es uns möglicherweise schlecht ergehen, wenn wir aber an das denken, was kommt, wird es uns immer gut gehen."

Die Vergangenheit erwiderte: „Wir wissen ja nicht einmal, ob wir tatsächlich ein Morgen erleben werden. Das ist alles viel zu vage. Wirklich sicher ist nur das, was wir schon erlebt haben. Wir sollten das Gestern in Ehren halten und daraus lernen."

Die Gegenwart hielt dagegen: „Weder das Morgen noch das Gestern ist wichtig – es zählt nur das Jetzt. Je bewusster wir in diesem Augenblick leben, desto mehr haben wir von allem."

Die Diskussion wäre wohl endlos weitergegangen, wenn sich da nicht das Leben eingeschaltet hätte: „Ihr irrt Euch alle und zugleich habt ihr auch alle recht."

Zukunft, Vergangenheit und Gegenwart sahen das Leben verwirrt an: „Wie kann das sein?", fragten sie.

„Ihr glaubt nur, dass ihr verschieden seid, doch seid ihr alle genau dasselbe. Euch unterscheidet nur der Blickwinkel, nichts weiter."

Und darüber denken Zukunft, Vergangenheit und Gegenwart noch heute nach.

Als der Zeit zu langweilig wurde

Die Ordnung und die Routine beschlossen,
den Menschen zu helfen.

Sie erfanden die Zeit, damit die Menschen
genau planen konnten und schenkten ihnen
Uhren, damit sie einen guten Überblick über
ihre Tätigkeiten hatten.

Jahraus, jahrein verging die Zeit immer gleich.
Sekunde um Sekunde, Minute um Minute,
Stunde um Stunde.

Doch mit der Zeit schienen die Menschen
immer mehr Robotern zu ähneln. Sie lebten
ganz automatisch nach dem Diktat der Zeit.

Der Zeit selbst gefiel das gar nicht.

Ihr war so schrecklich langweilig, dass sie beschloss, davonzulaufen. Als es dunkel wurde,
klopfte sie an die Tür eines Hauses und dort
öffnete die Abwechslung. Sie lud die erschöpf-
te Zeit sofort zu sich ein.

Der Zeit gefiel es bei der Abwechslung. Von ihr lernte sie, was Vielfalt war. Sie begann damit, eine Minute mal kurz oder mal länger sein zu lassen. Eine Stunde mal zu einer kleinen Ewigkeit werden zu lassen oder sie blitzschnell vergehen zu lassen. Und das gefiel ihr so gut, dass sie dabei blieb.

So kommt es, dass wir die Zeit zwar an den Zeigern der Uhren ablesen können, dass sie sich aber immer wieder ganz unterschiedlich anfühlt.

Als der Sommer in den Süden flog

Es war einmal ein Jahr, in dem ein besonders grimmiger Frühling herrschte. Er war feucht und kalt und windig.

Der Sommer erwachte und fing gleich furchtbar an zu zittern.

„Was für ein mieses Wetter!", rief er. „Das ist mir viel zu kalt."

Und so buchte er einen Flug in den Süden. Die Menschen erfuhren nie, warum sie in diesem Jahr keinen Sommer hatten, aber im Süden war es herrlich warm.

*Wie ein Regenbogen entsteht
und andere Geschichten
von Liebe, Freude und Glücklichsein*

Der Funkelstein

Es war einmal ein Funkelstein.

Dieser Funkelstein hatte die Gabe, ein Lächeln auf das Gesicht eines jeden zu zaubern, der ihn anschaute und dabei ein wunderbar warmes Glücksgefühl auszulösen.

Der Funkelstein gehörte einem König. Dieser hatte seine Frau verloren und war darüber so traurig und verbittert geworden, dass er den Funkelstein für immer verstecken wollte.
Er war überzeugt davon, dass es für ihn kein Glück mehr geben konnte. Und auch kein anderer sollte glücklich sein.

Eines Tages nun war es bitterkalt. Die Diener des Königs schliefen schon und so ging er selbst zu seinem Schrank, um sich eine dicke Fellmütze herauszuholen.

Als er nach der Mütze griff, löste sich ein Brett im Schrank und es fiel hinunter. Auf dem Brett hatte die Kiste mit dem Funkelstein gestanden, die nun unsanft auf dem Boden landete. Dabei öffnete sich ihr Deckel und der Funkelstein rollte dem König vor die Füße.

Als der König den Stein sah, durchfuhr ihn ein warmes Glücksgefühl. Er dachte an seine Frau und musste lächeln.

Da erkannte er, welch ein Narr er gewesen war.

Von da an stellte der König den Funkelstein in seinem Reich aus, so dass ihn jeder anschauen konnte.

Der Mann, der Geschichten schrieb

Es war einmal ein Mann, der Tag für Tag
Geschichten schrieb. Hunderte Geschichten
hatte er bereits geschrieben und jeden Tag
kamen neue dazu.

Nun war es aber so, dass niemand die Geschichten des Mannes mochte. Es gab keinen,
der sie las und kein Verlag wollte sie als Buch
drucken.

Das aber kümmerte den Mann nicht. Er schrieb
einfach weiter.

Die Leute verstanden das nicht und hielten den
Mann für verrückt. Und sie lachten über ihn.

Eines Tages ging jemand zu dem Mann und
fragte ihn, warum er eigentlich weiter Geschichten schreibe, wo es doch offenbar niemanden
gab, dem sie gefielen.

Der Mann schaute sein Gegenüber an.

Er strahlte über das ganze Gesicht und die Begeisterung in seiner Stimme war nicht zu über-
hören: „Weil es mich glücklich macht."

Da lachte der andere nicht mehr, sondern empfand Neid.

Über die Faulheit

Die Faulheit lag mitten auf dem Marktplatz auf einer Bank.

Da kam der Sportsgeist vorbei und rief „Hey, komm mit, wir laufen eine Runde!"

„Ach nö", sagte die Faulheit.

Dann kam die Spielfreude vorbei und fragte: „Du, wollen wir vielleicht ein bisschen Ball spielen?"

„Ach nö", sagte die Faulheit.

Nach einer Weile kam die Ordnung: „Du kannst hier nicht ewig herumliegen, wir wollen den Marktplatz saubermachen. Nimm den Besen und mach dich nützlich."

„Ach nö", sagte die Faulheit.

Da kam die Vernunft vorbei und ermahnte die Faulheit: „Zeit, endlich aufzustehen. Du darfst

dich nicht so gehen lassen. Du bist ein schlech-
tes Beispiel für alle anderen und gut tut dir das
Nichtstun auch nicht. Hoch mit dir."

„Ach nö", sagte die Faulheit.

Gleich danach kam die Sorge: „Faulheit, es wird
bestimmt etwas Schlimmes passieren, wenn
du nicht bald aufstehst. Du wirst krank werden
oder man bringt dich weg. Steh endlich auf!"

„Ach nö", sagte die Faulheit.

Als Letztes kam die Liebe. Sie setzte sich zur
Faulheit auf die Bank und sagte nichts. Sie saß
einfach nur bei der Faulheit. Nach einer Weile
nahm sie die Hand der Faulheit in ihre. Da wurde es der Faulheit ganz warm ums Herz.

Und als die Liebe dann sagte: „Komm mit",
folgte ihr die Faulheit.

Auf der Suche nach der Liebe

Es war einmal eine Frau, die auf der Suche nach der Liebe war.

Zuerst suchte sie in ihrem eigenen Dorf. Sie ging dort umher und fragte jeden Mann und jede Frau: „Sag, liebst du mich?"

Die meisten lächelten unsicher oder mitleidig, einige Menschen reagierten auch verärgert. Hier fand die Frau nirgendwo die Liebe.

Also beschloss sie, so lange in der Welt herumzureisen, bis sie endlich die Liebe gefunden hätte.

Gesagt, getan.

Doch überall erlebte sie dasselbe wie zu Hause: Menschen, die allenfalls freundlich reagierten, in schlimmeren Fällen aber wütend wurden. Weit und breit keine Liebe.

So kehrte sie traurig in ihr Dorf und in ihr Haus zurück.

Müde streifte sie die staubige Kleidung ab und nahm ein Bad.

Beim Blick in den Spiegel hielt sie inne. Aus der Gewohnheit heraus stellte sie die Frage, mit der sie einmal um den Globus gereist war: „Sag, liebst du mich?"

Und da wuchs ein wundervolles Gefühl in ihr und sie sah sich nicken.

Als sie am nächsten Tag unter die Leute ging, erkannte sie die Liebe überall.

Wer zuerst?

Es waren einmal ein Mann und eine Frau.

Er wohnte auf der einen Seite der Straße, sie auf der anderen. Jeden Morgen sah er, wie sie aus dem Haus ging, während sie am Abend von ihrem Fenster aus beobachtete, wie er heimkehrte.

Jeder von beiden hätte den anderen sehr gerne kennengelernt, doch beide hatten bereits eine große Enttäuschung erlebt und fürchteten sich, verletzt zu werden.

„Was für eine liebenswerte Frau, aber kann ich wissen, ob sie mich wirklich mögen würde?", seufzte er jeden Morgen, wenn er sie sah.

„Was für ein toller Mann, aber ich kann ja nicht sicher sein, dass er mich nicht einfach stehen lässt, wenn ich ihn anspreche", dachte sie an jedem Abend.

„Wenn das Schicksal meint, dass wir füreinan-
der bestimmt sind, wird sie den ersten Schritt
machen", dachte er.

„Wenn er wirklich der Richtige ist, wird er auf
mich zukommen", dachte sie.

Die Jahre vergingen und wurden zu Jahrzehnten,
und wenn sie nicht gestorben sind, dann warten
sie noch heute aufeinander.

Als die schlechte Laune Besuch bekam

Es war mal wieder einer dieser Tage, an denen man am besten gar nicht aufstehen sollte, und die schlechte Laune war noch schlechter gelaunt als sonst.

Da klopfte es an der Tür.

„Auch das noch", stöhnte die schlechte Laune, ging aber nachsehen, wer gekommen war.

„Einen wundervollen guten Tag", rief eine fröhliche Stimme, als die schlechte Laune die Tür öffnete. „Ich dachte, du könntest mal einen netten Besuch vertragen. Und da heute so ein wundervoller Tag ist, bin ich vorbeigekommen, um ihn mit dir zu verbringen."

Die schlechte Laune wollte es nicht glauben: Wer da vor ihrer Tür stand, war niemand anderes als die gute Laune.

„Verschwinde!", fuhr die schlechte Laune die gute an.

„Höflich wie immer, was?", grinste die gute Laune. Sie ließ sich nicht so schnell einschüchtern. Stattdessen umarmte sie die schlechte Laune herzlich und gab ihr einen dicken Kuss auf die Wange.

Dann ging sie trällernd an der schlechten Laune vorbei in die Küche.

Dort packte sie einen riesigen Kuchen aus und schnitt der schlechten Laune und sich selbst ein großes Stück davon ab. Sie kochte Kakao und lud die schlechte Laune ein, kräftig zuzugreifen.

Dann plauderte sie und stellte der schlechten Laune immer wieder Fragen, so dass ein angeregtes Gespräch aufkam.

Am Ende des Tages verabschiedete sich die gute Laune und versprach, bald wiederzukommen.

Wieder allein, musste sich die schlechte Laune eingestehen, dass dieser Tag eigentlich doch gar nicht so übel gewesen war. Und ein bisschen freute sie sich schon darauf, die gute Laune wieder bei sich zu haben, auch wenn sie das natürlich nie laut zugegeben hätte.

Der Miesepeter

Wie immer lief der Miesepeter missgelaunt
durch die Straßen.

Alles ärgerte ihn – das Wetter, das Grau der
Häuser, die unfreundlichen Mienen der anderen.

Da kam zufällig ein Lächeln vorbeigeflattert
und da es gerade nichts Besseres zu tun hatte,
hüpfte es dem Miesepeter mitten ins Gesicht
und machte es sich dort gemütlich.

Der hatte das aber in seiner ganzen Muffigkeit
gar nicht gemerkt und ging mit schlechter Laune
weiter.

Als ihm nun andere Leute entgegenkamen, wurde er herzlich gegrüßt und alle schienen sich
zu freuen, ihn zu sehen. Das verwunderte den
Miesepeter sehr und gegen seinen Willen fühlte
er sich schon etwas besser.

Immer mehr Leute winkten ihm lächelnd zu. An einem Blumenstand reichte man ihm eine Sonnenblume und wünschte ihm einen guten Tag.

Irgendwie wirkten nun die Häuser auch viel weniger grau, eigentlich sah der Marktplatz doch sogar sehr hübsch aus. Und der Himmel schien auch schon viel blauer zu sein – und da, war das nicht sogar die Sonne?

Als der Miesepeter nach Hause kam und seine Jacke auszog, sah er sich selbst im Dielenspiegel lächeln.

Und das fühlte sich gut an, richtig gut.

Vom Glück

Das Glück wurde in ein Dorf am Fuße eines Berges geschickt, weil die Menschen dort alle so unzufrieden waren. Sie könnten das Glück gut gebrauchen, hieß es.

Also machte sich das Glück auf den Weg.

Als es das Dorf erreichte, klopfte es an die Tür des ersten Hauses. Ein Mann öffnete die Tür einen Spalt breit und rief: „Wir kaufen nichts." Dann schloss er die Tür wieder.

Das Glück ging zum nächsten Haus und klopfte auch dort. Wieder wurde die Tür einen Spalt weit geöffnet, dieses Mal von einer Frau: „Wir geben nichts", sagte sie, bevor auch diese Tür wieder ins Schloss fiel.

So lief das Glück von Haus zu Haus. Doch niemand ließ es ein. Die Leute schickten es alle fort.

Am Ende des Abends war das Glück müde und traurig. Es verstand nicht, warum es niemand haben wollte. So saß es am Straßenrand, als es hörte, wie eine Tür hinter ihm geöffnet wurde.

„Bist du hungrig?", rief eine Stimme. Eine junge Frau stand in der Tür und lud das Glück zum Essen ein. Mit ihr waren noch ihr Mann und zwei Kinder am Tisch und alle verbrachten einen wunderbaren Abend miteinander.

Einige Tage später begannen die Leute, über die junge Familie zu reden, die offenbar das Glück für sich gepachtet hatte.

„Gerade die", sagten die Leute, „hatten es nicht nötig, noch mehr Glück zu haben, die waren schließlich immer schon zufrieden."

Wie ein Regenbogen entsteht

Die meisten Tränen werden geweint, weil die Menschen traurig sind, etwas verloren haben oder weil man sie verletzt hat.

Manchmal aber weinen die Menschen auch aus Freude und dann geschieht etwas Wundervolles:

Geweinte Freudentränen begeben sich auf eine Wanderschaft. Sie reisen so lange durchs Land, bis sie andere Freudentränen treffen. Und wenn dann endlich genügend von ihnen zusammengekommen sind, fügen sie sich zu einem Regenbogen zusammen.

Wann immer wir also einen Regenbogen am Himmel sehen, wissen wir, dass viele Menschen sehr glücklich waren.

Was weise macht
und andere Geschichten
vom Leben und vom Loslassen

Was weise macht

Ein weiser Mann kam in das Dorf. Alle Bewohner drängten sich um ihn, um zu hören, was er zu sagen hatte.

Einer fragte: „Sag uns, was wir tun sollen, um so weise zu werden wie du."

„Oh, ich habe viele Bücher gelesen."

Da stürmten alle davon und kauften sich Bücher. Ratgeber, Sachbücher, Fachbücher, aber auch Romane, Erzählungen und Geschichten. Und sie lasen ein Buch nach dem anderen. Am Ende eines Buches griffen sie zum nächsten.

Eines Tages kam ein Wanderer in das Dorf und fand alle Bewohner Geschichten lesend vor.

Er ging zu einem von ihnen und fragte: „Was macht ihr denn alle?"

„Wir lesen Bücher, weil wir weiser werden wollen. Das hat uns ein weiser Mann geraten und der muss es ja wissen."

„Und, hast du denn etwas aus den Büchern gelernt? Hast du etwas aus ihnen mit in dein Leben genommen? Hast du etwas verändert? Etwas umgesetzt?"

Da schaute der Lesende auf: „Was meinst du denn mit ‚verändern‘ und ‚umsetzen‘? Wir lesen nur."

„Aber vom Lesen allein wird man doch nicht weiser", lachte der Wanderer und setzte seinen Weg fort.

Von einem, der sein Leben verschob

„Morgen ist auch noch ein Tag", dachte der Mann. Und diesen Satz dachte er beinahe so oft, wie er ein- und ausatmete.

Wenn es darum ging, etwas anzufangen, dachte er: „Morgen ist auch noch ein Tag."

Wenn er etwas weiterführen sollte, dachte er: „Morgen ist auch noch ein Tag."

Wenn es etwas abzuschließen galt, dachte er: „Morgen ist auch noch ein Tag."

Und so lebte er wie in einer Warteschleife. Alles wurde aufgeschoben, denn immer war ja morgen auch noch ein Tag.

Der Mann wurde älter und älter.

Eines Tages öffnete der Tod die Tür und sagte zu dem Mann: „Es ist Zeit zu gehen."

„Morgen ist auch noch ein Tag", antwortete der Mann.

Doch der Tod schüttelte nur den Kopf.

Von der endlosen Reise

Es war einmal eine endlose Reise. Sie hatte irgendwann begonnen und dauerte nun schon Ewigkeiten.

Keiner konnte sagen, wohin die Reise ging und keiner konnte abschätzen, wann sie je enden würde.

Irgendwann war die Reise es leid und suchte Rat bei einem weisen Mann. Der hörte sich die Geschichte der Reise an und schwieg dann einen Augenblick.

„Dein Problem ist leicht zu lösen", sagte er, „du brauchst nur ein Ziel."

Der Buckelwal

Der alte Buckelwal hatte sich zum Sterben auf den Meeresboden sinken lassen. Viele hunderte Meter tief.

Er wusste, dass er nie wieder die Sonne sehen und die Wellen durchpflügen würde.

Und obwohl unendlich schwere Wassermassen auf seinem Körper ruhten, wurde ihm ganz leicht ums Herz.

Denn es gelang ihm das vielleicht Schwerste im Leben: Er ließ los.

Fröhlichkeit und Traurigkeit

Eines Tages hatte die Fröhlichkeit ihre Schwester fortgeschickt, weil sie die Menschen für sich alleine haben wollte. Sie wollte jeden lachen sehen und mit allen tanzen und feiern und konnte davon nie genug bekommen.

Doch mit der Zeit merkte die Fröhlichkeit, dass etwas im Leben der Menschen fehlte. Sie lachten immer weniger und die Feiern wurden schnell langweilig.

Die Fröhlichkeit musste sich immer mehr einfallen lassen, um Freude bei den Menschen auszulösen. Doch bald wurde ihr klar, dass sie das allein nicht schaffen konnte. Und die Menschen waren nicht mehr fröhlich, sondern fühlten sich immer gleich.

Da begann die Fröhlichkeit, sich nach ihrer Schwester zu sehnen. Sie erkannte, dass es ein Fehler gewesen war, die Schwester fortzuschicken. Ohne sie war das Leben unvollständig, genauso wie es das ohne sie selbst gewesen wäre.

Und so rief sie hinaus in die Welt nach ihrer Schwester. Es dauerte eine Weile, bis die Schwester tatsächlich zurückkam.

Die Fröhlichkeit empfing sie mit offenen Armen und von nun an gingen sie wieder gemeinsam zu den Menschen: die Fröhlichkeit und die Traurigkeit.

Der Tag, an dem das Chaos kam

Die Gewohnheit war wie immer um 6.00 Uhr aufgestanden, hatte sich gewaschen, das Bett gemacht und saß nun mit einer Tasse Tee am Frühstückstisch.

Plötzlich klopfte es an der Tür.

Die Gewohnheit öffnete und da stand das Chaos.

„Oh, dich kann ich aber gar nicht gebrauchen", sagte die Gewohnheit.

„Ach, bitte, lass mich kurz rein, ich weiß nicht mehr weiter", jammerte das Chaos. Es war in einem so erbärmlichen Zustand, dass es der Gewohnheit leid tat.

„Also gut, komm rein", sagte sie und ließ das Chaos herein.

Die Gewohnheit brachte dem Chaos einen Tee. Es hatte sich im Wohnzimmer niedergelassen, allerdings nicht ohne dabei die Stehlampe umzuwerfen, den Sofatisch zu verschieben und alle Sofakissen durcheinanderzubringen.

Das Chaos erzählte der Gewohnheit, dass keiner es mehr sehen oder haben wollte und dass alle es davongejagt hatten, weil es immer so viel Unordnung ins Leben brachte. Nun saß es weinend auf dem Sofa, weil es nicht mehr wusste, wo es hingehen konnte.

Nach einer Weile seufzte die Gewohnheit: „Also gut, Chaos, dann bleibst du eben bei mir."

Und so kam es, dass die Gewohnheit lernte, sich an chaotische Momente im Leben zu gewöhnen.

Der König ohne Volk

Es war einmal ein König.

Dieser König verließ niemals seinen Palast.
Er saß hinter den dicken Mauern und lief von
einem Zimmer zum anderen. An guten Tagen
trat er auch manchmal hinaus in den Schloss-
hof. Er ging aber nie hinaus in die Städte oder
Dörfer seines Reichs.

So regierte er von seinem Thronsaal aus über
viele Jahrzehnte sein Land.

Manchmal fühlte er sich etwas einsam, denn er
hatte nur wenige Bedienstete und die leisteten
ihm nur dann Gesellschaft, wenn er es ihnen
befahl.

Eines Tages war ihm so langweilig, dass er
beschloss, aus Jux ein unsinniges Gesetz zu
erlassen. So, dachte er, würden sicher viele
Menschen zu ihm kommen und sich über das
Gesetz beschweren.

Aber nichts geschah. Nicht ein einziger seiner Untertanen erschien.

Das machte den König nachdenklich und er entschied sich, heimlich das Schloss zu verlassen und sich unter das Volk zu mischen, um zu erfahren, was mit den Menschen los war.

Der Schock war groß, denn die Menschen hatten sich gänzlich ohne den König arrangiert.
Sie hatten Dorf- und Stadtsprecher gewählt und die Organisation klappte hervorragend.

Hin und wieder lachten die Leute, wenn jemand einen Witz über den König machte, den alle nur den „Schlosshocker" nannten.

Da wurde dem König klar, dass er kein Volk mehr hatte.

Was Weihnachten ist

Ein Mann kam zu einem Weisen.

„Ich hasse das Weihnachtsfest. Alle können sich darüber freuen, aber mir ist es zuwider. Was soll ich tun?"

„Weihnachten ist das, was du daraus machst", antwortete der Alte.

Im nächsten Jahr kam der Mann wieder.

„Du hattest recht! Ich hasse Weihnachten jetzt gar nicht mehr so sehr. Ich mag es zwar noch immer nicht besonders, aber es ist nicht mehr so schlimm wie früher."

„Weihnachten ist das, was du daraus machst", antwortete der Alte nur.

Ein Jahr später kam der Mann erneut:

„Du hattest wieder recht! Inzwischen mag ich Weihnachten richtig."

„Weihnachten ist das, was du daraus machst", sagte der Weise.

Im nächsten Jahr erlitt der Mann einen schweren Schicksalsschlag: Er verlor seine Frau. Wieder kam er zu dem weisen Alten.

„Weihnachten ist grausam."

„Weihnachten ist das, was du daraus machst", antwortete der Alte.

Im Folgejahr kam der Mann und sagte nichts.

Er setzte sich einfach zu dem Alten und verbrachte mit ihm Weihnachten. Es war ein ruhiges und besinnliches Fest.

Zum Abschied sagte der Mann: „Weihnachten ist das, was du daraus machst."

Die Frage

Es war einmal eine Frage, auf die niemand eine Antwort wusste.

Die Frage wanderte durch die ganze Welt zu allen klugen und weisen Menschen, die sich nur finden ließen. Sie ging an alle Universitäten und zu allen Lehrmeistern. Niemand konnte sie beantworten.

Darauf zog sich die Frage zurück.

Sie suchte sich eine einsame Hütte in den Bergen und als sie dort ganz allein mit sich war, kam ihr der Gedanke, dass vielleicht nur sie selbst die Antwort auf sich geben konnte.

Und genau so war es.

Die Schwester der Toleranz

Die Toleranz ging durch die Straßen. Überall war sie bei den Menschen gut angesehen.

Doch immer öfter, wenn ein Unrecht geschah und sich jemand darüber aufregte, riefen manche: „Ihr müsst toleranter sein, schließlich muss jeder selbst wissen, was er tut."

Und da sich keiner nachsagen lassen wollte, intolerant zu sein, hielten immer mehr Menschen den Mund und schauten weg.

Die Toleranz wusste genau, wessen Werk das war. Denn sie hatte eine Zwillingsschwester, die ihr auf Schritt und Tritt folgte. Doch die verstand sich darauf, sich immer geschickt hinter der Toleranz zu verstecken, so dass man sie kaum wahrnahm.

Ihre Schwester war die Ignoranz.

Was das Leben ist

Eines Tages beschloss das Leben, eine Umfrage zu machen. Es wollte von allen nur eine Frage beantwortet haben: „Was ist das Leben?"

Die Kuh antwortete: „Das Leben ist grün."

Die Eule antwortete: „Das Leben ist Nacht."

Die Lerche antwortete: „Das Leben ist ein blauer Himmel."

Der Schmetterling antwortete: „Das Leben ist Veränderung."

Die Sonne antwortete: „Das Leben ist Energie."

Das Wasser antwortete: „Das Leben ist Fließen."

Die Steine antworteten: „Das Leben ist fest und beharrlich."

Der Friedhofswächter antwortete: „Das Leben ist der Anfang vom Ende."

Und so ging es immer weiter und das Leben sammelte unzählige Antworten, von denen keine der anderen glich.

Am Ende kamen alle Befragten zusammen und stellten nun dem Leben die Frage: „Was bist du nun?"

Da antwortete das Leben: „All das zusammen und noch viel mehr."

„Das Universum ist aus Geschichten geschaffen, nicht aus Atomen."

Muriel Rukeyser

Alphabetisches Register
aller Geschichten

Vielleicht haben Sie Lust, mir zu schreiben, wie Ihnen dieses Buch gefallen hat? Welche Geschichte mochten Sie am liebsten?

Tania Konnerth
Gartenstraße 6
29499 Zernien
E-Mail: tania.konnerth@zeitzuleben.de

Weitere Inspirationen, Anregungen, praktische Tipps und Übungen finden Sie auch in dem Online-Ratgeber „Zeit zu leben", den ich zusammen mit meinem Mann herausgebe – im Internet unter: http://www.zeitzuleben.de